AF357235

ORAISON FUNEBRE

DE TRES-HAUT
ET PUISSANT SEIGNEUR
MESSIRE

LOUIS BOUCHERAT,

CHEVALIER, CHANCELIER,
GARDE DES SCEAUX DE FRANCE,
Commandeur des Ordres du Roy.

PRONONCE'E DANS L'EGLISE
de Saint Gervais sa Parroisse.

Par le R. P. DE LA ROCHE, Prestre de l'Oratoire.

A PARIS,

Chez JEAN BOUDOT, Libraire de l'Academie Royale des Sciences, ruë Saint Jaques, au Soleil d'or, prés la Fontaine Saint Severin.

M. DCC.

AVEC PRIVILEGE DU ROY.

ORAISON FUNEBRE

DE TRES-HAUT ET PUISSANT SEIGNEUR

MESSIRE

LOUIS BOUCHERAT,

CHEVALIER, CHANCELIER,

Garde des Sceaux de France, Commandeur des Ordres du Roy.

Ego senui & incanui; porrò filii mei vobiscum sunt : itaque conversatus coram vobis ab adolescentiâ meâ usque ad hanc diem , ecce præsto sum , loquimini de me coram Domino & coram Christo ejus. 1. Reg. c. 12.

Je suis arrivé à une extreme vieillesse, & je laisse mes enfans au milieu de vous ; aprés avoir vêcu sous vos yeux depuis ma jeunesse jusqu'à ce jour, me voici prest à vous rendre compte de ma conduite, dites devant le Seigneur ce que vous en pensez.

ONSEIGNEUR,

M. l'Evêque
de Coutance
officiant.

Ainsi s'expliqua le Prophete Samuel, lors que cessant de conduire le Peuple de Dieu, en qualité de Souverain

Juge, il le fomma de rendre un témoignage public à
la fidelité de fon miniftere, & à l'integrité de fa vie.
L'idée de ce grand Homme, qui à la qualité de Juge,
joignoit, & la gravité des Patriarches, & les lumieres
des Propheres, & dont la mort fut honorée des larmes
de tout le Peuple, *Planxit eum omnis Ifraël*, cette idée
m'a paru propre à vous remettre devant les yeux le
Magiftrat de fon fiecle le plus irreprochable, Tres-
Haut et Puissant Seigneur Messire Louis
Boucherat, Chevalier, Chancelier Garde
des Sceaux de France, Commandeur des
Ordres du Roy.

Nous l'avons perdu, Messieurs, & la mort qui
n'eft fuivie, pour les perfonnes mediocres, que d'un feul,
mais redoutable Jugement, la mort l'expofe comme
tous les Grands à paroître devant deux Tribunaux,
pour y fubir deux jugemens differens; celuy de Dieu
toûjours éclairé, toûjours jufte, mais toûjours temperé
de mifericorde, dit faint Auguftin; celuy des hommes
fouvent temeraire, fouvent injufte, prefque jamais me-
furé fur les regles de la charité Chrétienne. L'illuftre
Mort que nous pleurons eft juftifié devant le Tribunal
de Dieu; ainfi le préfumons-nous & de l'innocence
de fa vie & de la divine mifericorde. Pourroit-il encore redouter le vôtre? & n'eft-il pas en droit de vous
dire comme Samuel, Me voici preft à vous rendre
compte de ma conduite? parlez devant le Seigneur,
reprochez-moy, fi vous le pouvez, les prévarications
de mon miniftere, l'oppreffion des malheureux, l'ac-
ception des perfonnes, les injuftices de mes emplois,
l'abus de ma fortune, *Ecce præfto fum, loquimini de me
coram Domino.*

Que ne vous eſt-il permis de répondre, Messieurs, la voix publique s'éleveroit icy pour rendre témoignage à la vertu la plus ſolide, la plus conſtante, la mieux ſoûtenuë qui fut jamais. L'on entendroit tous les Tribunaux où il a paſſé, loüer l'integrité de ſes jugemens ; les Provinces qu'il a conduites ſous l'autorité du Roy, benir la memoire de ſon adminiſtration ; les Familles illuſtres qu'il a pacifiées, publier la dexterité de ſon eſprit ; les Amis diſtinguez qu'il a cultivez, faire honneur à la bonté de ſon cœur ; la Religion qu'il a protegée, applaudir à ſon zele ; le Prince même qu'il a ſervi avec tant de fidelité, achever ſon Eloge ; & moy quitte de mon miniſtere, ne m'expliquer que par mes applaudiſſemens & par mes larmes.

Mais helas ! on veut que je parle pour vous, que ma voix, foible interprete des ſentimens publics, rende à la memoire de Monſieur le Chancelier le témoignage qui luy eſt dû ; & c'eſt maintenant à moy ſeul que s'adreſſent ces paroles que je lui ai miſes à la bouche : Dites devant le Seigneur ce que vous penſez de ma conduite, *loquimini de me coram Domino.* C'eſt donc à moy, qui parle pour vous, Messieurs, à ne dire que ce que vous penſez vous-mêmes, à ne pas défigurer par des traits étrangers un portrait que vous devez reconnoître, mais à fonder ſur vos propres idées un Eloge qui ne peut être beau, qu'autant qu'il ſera vrai.

Permettez-moy donc icy de ſonder vos cœurs, & d'y démêler la double idée, que vous conſervez de Monſieur Boucherat ; idée de juſtice, idée de grandeur, qui renferment tout ſon caractere, qui concourrent à former le jugement que vous en faites, & qui

ne peuvent être feparées dans l'Eloge que je luy prepare. Le Magiftrat Chrétien ne peut être diftingué que
par l'union de ces deux chofes. S'il eft jufte fans être
grand, fa juftice eft obfcure, & n'eft bonne que pour
luy - même; s'il eft grand fans être jufte, fa grandeur
eft odieufe & redoutable à tout le monde; mais fi la
juftice regle la grandeur, fi la grandeur appuye la juftice, rien ne manque au caractere du parfait Magiftrat.

Vous l'allez voir dans la perfonne de Monfieur le
Chancelier; fa fortune fut grande, vous le fçavez; &
je ne viens pas à l'ordinaire vous en infpirer le mépris,
parce que fa grandeur fut la récompenfe de fa vertu.
Il s'y éleva par la juftice, il la foûtint par la juftice, il
la confomma dans la juftice; les degrez, l'ufage, la
confommation de fa fortune, la juftice la forme, la
juftice la foûtient, la juftice la couronne. Voilà, Seigneur, tout ce que je dois dire à la gloire de vôtre grace
en faveur d'un Homme que je ne loüerois jamais à la
face de vos Autels, s'il n'en eût efté le défenfeur fidele; d'un Homme dont je ne vanterois pas la grandeur
au milieu de cette pompe funebre qui en publie la va-
ni-é, s'il ne l'eût meritée, foûtenuë, & confommée par
la juftice.

I. POINT.

LA fortune n'eft pas un bien par elle-même, dit
faint Auguftin. Si Dieu la donne quelquefois aux
juftes, pour nous apprendre qu'il en eft le maître, il
la laiffe tous les jours ufurper aux impies, pour nous
infinuer qu'il la méprife, & que fi elle eft en quelques
occafions le prix de la juftice, elle eft bien plus fouvent

l'ouvrage de l'iniquité. Les uns s'y élevent par le cri-me, & violant les droits les plus faints de la nature & de l'équité, ils ne connoiffent point d'autres loix que celles de leur ambition, & les plus noirs attentats leur femblent, legers quand le fuccés les peut couronner. Les autres y arrivent par un pur effet du hazard; la liaifon des conjonctures heureufes, la neceffité des évenemens imprevûs, la faveur d'un Protecteur zelé les éleve infenfiblement, & ils n'ont point d'autre part à leur fortune, que celle de l'avoir fuivie. Le plus grand nombre enfin ne doit fa grandeur qu'au privilege de fa naiffance, ils font nez ce que vous les voyez, & s'ils y mettent quelque chofe du leur, ce font peut-être les vices qui les deshonorent. Mais qu'il eft rare de trou-ver un homme, qui s'éleve par les pures voyes de la juftice, qui paffant d'emplois en emplois avec l'applau-diffement des Provinces, avec l'approbation de fon Roy, fans protecteurs, fans intrigues, fans richeffes trop abondantes, fans conjonctures trop favorables, foûtenu de fon feul merite & de fa feule équité, arrive enfin à la fuprême Magiftrature. Vous le reconnoiffez, Messieurs, nous le trouvons cet homme rare dans la perfonne de Monfieur Boucherat.

Loin de luy toutes ces fources d'une élevation monf-trueufe. Sa naiffance diftinguée en Champagne par une Nobleffe de trois fiecles, illuftrée par des pla-ces & des alliances confiderables, avoit pofé les pre-miers fondemens de fa fortune; une ame noble, des inclinations droites, un naturel heureux, un air grave & majeftueux, prefages affurez de ce qu'il devoit être, une jufte ardeur de meriter les dignitez, point d'empreſſement pour les obtenir.

Chambre auguſte, où le Partiſan tremblant vient rendre compte de ſa fortune, & que nos Rois ont fait dépoſitaire de leurs plus beaux droits, combien vous eſt precieuſe la memoire des BOUCHERATS? vous qui formâtes la premiere celuy que nous pleurons, déja glorieuſe d'avoir veu ſon pere Doyen de vôtre Compagnie, Conſeiller d'Etat, Intendant d'une Armée Navale, donner les ordres pour la conſtruction de cette digue fameuſe de la Rochelle, qui fut le premier écueil de l'hereſie; car il étoit fatal à ſa maiſon de contribuer à la détruire. Un BOUCHERAT forme avec les Prelats du ſaint Concile de Trente, les premiers anathemes qui la foudroyent; un BOUCHERAT la combat dans ſa naiſſance par des remontrances & des concluſions vigoureuſes en qualité d'Avocat General du Parlement; un BOUCHERAT travaille à l'arrêter dans ſon progrés, un BOUCHERAT ſcellera les Edits qui doivent l'enſevelir ſous les ruines de ſes Temples, comme nous le verrons tantôt.

Mais on ne vient pas tout d'un coup aux grandes choſes; il faut s'élever par degrez, il faut qu'une ame, deſtinée à la plus haute fortune où puiſſe prétendre un particulier, ſe forme inſenſiblement, qu'elle ſe rempliſſe des lumieres de la ſageſſe, qu'elle s'affermiſſe par l'experience, qu'elle s'embraſe & de l'amour de la juſtice & du zele de la Religion. C'eſt par ces dégrez que s'éleve Monſieur BOUCHERAT, ſuivons-le pas à pas dans les ſentiers de la juſtice, & voyons-le rapidement en ſuivre les maximes dans ſes mœurs, en chercher les lumieres dans ſes études, en aimer les exemples dans

ſes

ſes Amis , en ſoûtenir les loix dans ſes differens emplois ; en un mot pour ne rien perdre d'une vie où tout
ſe ſoûtient , où l'Orateur n'a rien à cacher , parcou-
rons & l'éducation Chrétienne qui forme ſon cœur,
& les études ſolides qui éclairent ſon eſprit, & les ami-
tiez glorieuſes qui reglent ſes ſentimens, & les emplois
diſtinguez qui pendant cinquante ans ſignalent ſa
droiture & ſon integrité.

Si le Magiſtrat doit être la regle vivante du peuple,
le premier ſoin d'un homme deſtiné à la Magiſtrature,
c'eſt de ſuivre luy-même les maximes de la juſtice ; je ne
dis pas de cette juſtice politique qui n'aſpire qu'à la gloire de paroître vertueux, mais de cette juſtice Evangelique qui oblige de l'être, & qui avant que d'apprendre
à rendre à Ceſar ce qui eſt à Ceſar, veut qu'on rende à *Matth. ch. 22.*
Dieu ce qui eſt à Dieu. Sur cette regle invariable de la *v. 21.*
juſtice, Monſieur Boucherat commença de former
ſon cœur, il comprit, ce qui ne tombe preſque jamais
dans l'eſprit de la jeuneſſe, qu'étant à Dieu par tant de
titres , ſon premier devoir étoit de vivre pour luy , de
ſuivre ſes Loix, de les graver dans ſa conduite, & de
ne rien laiſſer entrevoir dans ſa perſonne de ce qu'il
devoit un jour condamner dans les autres , la vertu
ſeule étant en droit de condamner le vice, ſelon Jesus-
Christ même, *Qui ſine peccato eſt veſtrum , primus in* *Joan. 8. v. 7.*
illam , lapidem mittat.

Auſſi, Messieurs, quelle regularité dans ſa jeuneſſe ? dans cet âge boüillant, où l'ame ne ſe conduit
que par les ſens, où les ſens ne reſpirent que les plaiſirs , où les plaiſirs ne ſe trouvent que dans le crime ;
le vit-on donner quelque choſe à la vivacité des paſſions, aux attraits de la volupté , aux amuſemens du

fiecle ? S'il eft encore icy quelque témoin de ces premiers temps, qu'il éleve fa voix devant le Seigneur,
qu'il nous dife s'il l'a vû s'égarer quelques momens
dans les voyes de l'iniquité, fi fa jeuneffe ne fut pas
irreprochable comme le refte de fa vie, *Loquimini coram Domino.* Quelle douceur dans fes mœurs ! quelle
gravité dans fa conduite ! quelle circonfpection dans fes
démarches ! l'on eût dit qu'il étoit né Magiftrat, formé
de la main de la Juftice fur le modele des Loix, & que
dés lors il avoit appris que le Juge doit être, comme la
loy même, felon un Acien, une intelligence fans paffion.
Ce portrait de fa jeuneffe n'eft pas de ceux qu'on ne reconnoît plus dans un âge plus avancé ; c'eft celuy de
toute fa vie, vous le verrez toûjours égal à luy-même,
marcher fans inconftance, comme fans oftentation, dans
les voyes droites de l'Evangile, exact aux devoirs de la
Religion, zelé pour fes interefts, refpectueux pour fes
Miniftres, protecteur de fes privileges, défenfeur intrepide de fes Serviteurs.

Il aima donc la pureté de la juftice, mais en negli-
gea-t-il les lumieres ? La Religion que je louë en luy,
fut-elle comme en tant d'autres une pieté oifive, ou
occupée de toute autre chofe que de fes devoirs ? Non
Messieurs, il fçait que l'ignorance ne nuit pas moins
au Magiftrat que le vice, qu'il ne luy fert de rien d'être
jufte pour luy-même, s'il n'eft éclairé pour les autres,
& que dans un Employ où tout ce qui vous environne
confpire à vous furprendre, les lumieres ne font pas
moins neceffaires que l'integrité. Monfieur Boucherat les cherche, ces lumieres, par des études folides &
laborieufes, il paffe les nuits dans la meditation des
Loix, il en mefure l'étenduë, il en penetre l'efprit, il

se forme de bonne heure ce discernement juste, ce jugement solide qui se fera admirer sur tant de theatres differens ; quels progrés ne fait-il pas sous le fameux Richer ? quelle connoissance des privileges de l'Eglise ? quel amour de ses libertez ? quelles dispositions à les maintenir ?

Cependant des études mortes ne donnent pas des sentimens assez vifs de la justice, il faut que Monsieur BOUCHERAT cherche dans une agreable societé d'amis choisis des Loix vivantes qui l'instruisent, convaincu que rien ne contribuë tant à former l'homme juste que la justice de ses amis, qu'on devient tel que ceux qu'on aime, & que rien n'est plus important que de les bien choisir. Dans cette vûë, MESSIEURS, à qui s'unit-il ! aux Seguiers, aux Lamoignons, aux Jerômes Bignons, ces grands hommes qui furent la lumiere de leur siecle, & qui le feront des siecles à venir ; & qu'aimet-il en eux ? la justice qui les conduit, & non pas les dignitez qui les distinguent. C'est sur leurs exemples qu'il se veut former, c'est dans leurs doctes conferences qu'il va puiser ce fond de lumieres, cet esprit d'équité qui luy fera dans la suite tant d'amis illustres, qui luy attirera sur tout la pleine confiance & la tendre amitié de ce Heros, qui le fit le premier confi- M.de Turenne. dent du dessein de sa conversion, & l'executeur de ses dernieres volontez; aussi juste dans le choix de ses amis, que redoutable à nos Ennemis, & dont l'amitié fait autant d'honneur aux particuliers, que sa valeur en fit autrefois à l'Etat. Par tous ces degrez, Seigneur, vous prepariez à vôtre peuple un Juge parfait, qui pouvoit vous dire dans les transports de sa reconnoissance comme Salomon, *Vôtre sagesse, ô mon Dieu, me conduira pas* Sap. 9.

B ij

à pas dans toutes mes œuvres, elle me soûtiendra par sa puissance, ma conduite sera toûjours agreable, je regleray vôtre peuple selon la justice, & je me rendray digne des premieres places.

Monsieur BOUCHERAT y court, MESSIEURS, il entre dans le sanctuaire des Loix en qualité de Conseiller du Parlement: dans ce Senat auguste, destiné, ce semble, autant à former des Ministres aux Rois, qu'à rendre la justice aux peuples, nôtre jeune Magistrat prend tous les traits d'une parfaite Magistrature, fermeté, grandeur d'ame, desinteressement, affabilité; en un mot, toutes les vertus de ces anciens Magistrats, qui revivent aujourd'huy dans les dignes heritiers de leur nom & de leur rang, furent les modeles sur lesquels se forma Monsieur BOUCHERAT: Il ne l'oublia jamais, MESSIEURS, & vous l'avez vû revêtu de la plus haute dignité reconnoître dans un Discours public, monument autentique & de son goût pour l'Eloquence, & de son estime pour vous, & de sa tendresse respectueuse pour son Roy, vous l'avez vû se faire honneur d'avoir esté instruit parmi vous des premiers principes de la Justice, & *formé, dit-il, sur ces grandes maximes qui rendent vos Arrests aussi respectables que les Loix mêmes.* Dans ce nouveau rang on ne le vit pas, comme tant d'autres, content de l'éclat de sa dignité en negliger tous les devoirs, charger les fleurs de Lys d'un poids inutile, se faire, des miseres des parties, un agreable amusement; il s'en fait une étude, il observe & les artifices du coupable pour déguiser la verité, & l'ingenuité de l'innocent pour la laisser paroître; là il démêle les détours obliques de la chicane, icy il admire la droiture inflexible de l'équité, qui sera par tout la regle de ſes jugemens, qui le conduira d'emplois en emplois comme une aurore , dit le ſaint Eſprit, qui croît & qui s'avance toûjours juſqu'à ce qu'elle forme un jour parfait, *Juſtorum ſemita lux ſplendens procedit & creſcit uſque ad perfectum diem.* *Prov.* 4.

Déja cette lumiere parcourt un nouveau Ciel, Monſieur B o u c h e r a t entre dans le Conſeil en qualité de Maître des Requêtes , & la juſtice qu'il avoit juſqu'alors étudiée dans les autres, commence à ſe faire admirer en luy : au milieu de cet Areopage François, à la veuë de ces genies choiſis, qui laiſſant aux autres le ſoin de juger les crimes , ſemblent établis pour juger les Juſtices mêmes , ſous les yeux de ce grand Prince auſſi juſte dans le diſcernement du merite , que magnifique dans ſes récompenſes , la capacité de Monſieur Boucherat n'eſt pas éclipſée, l'on admire l'étenduë de ſon genie, la ſolidité de ſes lumieres, la droiture & de ſon eſprit & de ſon cœur. Bien - tôt il paroît trop grand pour être renfermé dans le cercle des affaires particulieres, on le fait entrer dans celles de l'Etat. Le Prince ſe décharge ſur luy, comme Intendant, du ſoin de ſes Provinces ; & c'eſt icy, M e s s i e u r s, qu'une plus illuſtre carriere s'ouvre à de plus grandes vertus ; c'eſt icy que ſon zele pour la Juſtice, ſon amour pour le peuple , ſa fidelité pour ſon Roy paroiſſent avec plus d'étenduë.

De tous les Emplois, le plus vaſte dans ſes devoirs, le plus penible dans ſes fonctions, le plus delicat pour la conſcience, c'eſt celuy d'Intendant : il eſt en même-temps l'homme du Prince & l'homme du peuple ; engagé de maintenir l'autorité du Roy & de la faire aimer ; Miniſtre fidele des volontez ſouveraines, interprete sincere des besoins publics, ménageant tout avec politique, ne reglant rien que par Religion , & selon l'avis de saint Augustin , établissant le bon ordre par la douceur , & ne perdant jamais la douceur par le zele du bon ordre. *Disciplina servat patientiam , patientia temperat disciplinam.* Tels sont , dis-je , les devoirs deli-cats d'un Intendant.

Provinces heureuses, que nôtre illustre Mort a re-gies sous ce titre, dites-nous avec quel succés il l'a soû-tenu ; Guyenne , Languedoc , Picardie , Champagne , qui le possedâtes avec tant d'applaudissement , & qui le perdez avec tant de douleur , qui l'honorâtes toû-jours comme vôtre Protecteur , & qui le pleurez au-jourd'huy comme vôtre pere , parlez de luy devant le Seigneur , le voicy prêt à vous répondre. *Loquimini de me coram Domino, ecce præsto sum.* Le vîtes-vous, par une douceur excessive, souffrir le desordre parmi les Trou-pes qu'il devoit regler, ou, par une discipline outrée, ir-riter les esprits qu'il devoit gagner ? Le vîtes-vous, tout dévoüé à la politique, trahir vos interests pour ménager sa fortune , & faire sa cour aux dépens de vôtre bon-heur & de vôtre repos ? le vîtes-vous, fier de sa dignité, inaccessible à la misère, vous laisser gemir à sa porte, donner à ses plaisirs un temps qu'il devoit à vos plain-tes , & les mains ouvertes à vos presens, vous vendre bien cher des décisions & des lumieres qui luy cou-toient tant de travaux, & qu'il étoit obligé de donner pour rien , dit le saint Esprit , *Veritatem eme , noli ven-dere sapientiam.*

Telle est la conduite de ces ames interessées , qui courent à la fortune par les degrez de l'iniquité. Mon-sieur BOUCHERAT ne s'y éleve que par ceux de la jus-

tice, il ne veut tirer de ſes Emplois que la gloire de les
avoir dignement remplis, il ſe croit aſſez riche s'il a le
cœur des peuples & l'eſtime de ſon Maître, & ſi dans
la ſuite il devient puiſſant, c'eſt par l'effuſion des bienfaits du Roy, par les fruits de ſa propre œconomie,
par les avantages de ſes établiſſemens, & ſur tout par
ce mariage heureux qui l'unit à Tres-Haute & Puiſ-
ſante Dame Françoiſe de Lomenie, qui par le ſurcroît
de ſes biens, de ſa naiſſance, de ſes alliances, & plus
encore par le merite de ſes vertus, joignant ſa juſtice
à celle de ſon Epoux, le ſoûtint dans la route des plus
grandes Dignitez. O Eſprit de ſageſſe, que vous êtes   *Sap. 7.*
admirable dans les grandes ames, vôtre lumiere les
conduit, dit l'Ecriture, & pendant qu'elles ne cher-
chent que vous, tout le reſte leur vient avec vous, vôtre main toute-puiſſante les comble d'honneurs, &
leurs premiers Emplois, dignement ſoûtenus, ne ſont
que des degrez pour arriver à d'autres, *innumerabilis*
honeſtas per manus illius.

En effet, la voix des Provinces, qui applaudiſſent à
Monſieur BOUCHERAT, eſt contr'elles un titre pour
ne le poſſeder plus. Le Roy leur enleve un ſi digne Miniſtre aprés en avoir fait, en tant d'endroits differens,
l'œil de ſa vigilance, le défenſeur de ſes intereſts, le
pere de ſes peuples : il en fait enfin l'oracle de ſes Con-
ſeils, & comme ſi les regles communes n'étoient pas
pour luy, il le nomme tout d'un coup Conſeiller d'Etat
ordinaire, & diſtingue par ſes faveurs celuy qui s'eſt
diſtingué par ſes ſervices. Conſolez-vous peuples qui le
perdez pour un temps. Le Soleil qui éleve les vapeurs
de la terre, les répand bien-tôt en roſée ſur la même
terre d'où il les a tirées. Le Roy n'enleve Monſieur

Boucherat à ses Provinces que pour le leur rendre avec plus d'éclat & d'utilité. Languedoc vous le reverrez trois fois, revêtu de l'autorité comme de la douceur de son Prince, assister à vos Etats; Bretagne vous l'admirerez dix fois dans les vôtres, mesurant avec discretion les efforts de vôtre zele sur l'étenduë de vos forces, pesant au poids du sanctuaire & ce que vous devez & ce que vous pouvez, & toûjours prêt à faire valoir vos desirs autant que vos dons.

Aprés tant d'Emplois, vous le montreray-je encore revêtu d'une Charge de Conseiller d'honneur au Parlement, comme pour rendre à ce Corps illustre une lumiere qu'il avoit prêtée à l'Etat? Vous le feray-je voir élevé au Conseil Royal des Finances, pour y reprimer, comme il fit en tant d'occasions, les injustes prétentions des Traitans? Vous diray-je enfin combien de fois son Prince, aussi sûr de sa probité que de ses lumieres, luy confia les Commissions les plus délicates & les plus importantes? Faut-il reprimer dans les Provinces les derniers efforts de l'heresie mourante, faire expirer dans la paix ce monstre formé & nourri dans le trouble, pacifier ces esprits tumultueux, qui aprés le joug de la vraye Religion, tâchoient encore de secoüer celuy d'une juste obeïssance? c'est l'ouvrage de Monsieur Boucherat. Faut-il avec cette équité, plus chere à nôtre grand Monarque que tous ses interests, faire justice aux Etrangers sur les infidelitez du Commerce? c'est l'ouvrage de Monsieur Boucherat. Faut-il par des veuës de Religion, qui graces au Ciel sont aujourd'huy les Loix dominantes de l'Etat, épurer la societé des impietez & des sacrileges qui la profanent? c'est l'ouvrage de Monsieur Boucherat. Faut il enfin, avec

ce

ce cœur de pere, qui fait reſſentir à Loüis le Grand tous les dangers de ſes Sujets, pourvoir à la ſeureté publique, c’eſt l’ouvrage, diray-je, de Monſieur Boucherat, ou de la prudence & de la Religion même. Car avec quelle gloire preſida-t-il à ces Chambres Royales, où le zele de la Religion & l’amour de la patrie ſembla redoubler ſes lumieres, ſa penetration, ſon activité.

Cette longue courſe d’Emplois qui ne fatiguerent jamais ſon zele, ne laſſe-t-elle point vôtre imagination, Messieurs, ne ſoûpirez-vous point pour le terme auquel il ne penſe pas luy-même? aprés un mouvement de cinquante années, n’augurez-vous point le repos honorable que le Ciel luy prepare? ne l’attendez-vous point déja aux pieds du Trône de ſon Maître, & ne reconnoiſſez-vous point dans Monſieur Boucherat cet homme laborieux & fidele, qui merite ſelon le ſaint Eſprit, d’être placé auprés des Rois? *Vidiſti virum ve-* *locem in opere ſuo, coram Regibus ſtabit.* Oüy, Messieurs, cette lumiere a crû juſqu’au jour parfait, comme parle l’Ecriture. Cette Etoile errante eſt fixée; aprés de longs circuits autour de ce rocher inacceſſible où eſt bâti le Temple de la Gloire, Monſieur Boucherat y arrive, il s’ouvre pour luy, & ce que le plus digne Sujet peut attendre du Roy le plus juſte & le plus magnifique, il le reçoit de Loüis le Grand. *La Charge de Chancelier eſt le prix de vos longs ſervices,* luy dit ce grand Prince, *ce n’eſt pas une grace, c’eſt une récompenſe; elle n’eût pas eſté pour vous, ſi tout autre de mon Royaume l’eût mieux meritée.* Grand Eloge d’un Monarque, qui n’a pas moins de lumiere pour connoître le vrai merite, que de puiſſance pour le récompenſer; d’un Monarque qui ſçait

C

que ce n’eſt pas toûjours aux actions les plus éclatantes que ſont dûs les premiers honneurs, mais à la conduite la plus juſte, la plus égale, la mieux ſoûtenuë. Une victoire unique ne fait pas les Heros, un acte de vertu ne fait pas les Saints, un exemple ſingulier de conſtance ou d’équité ne forme pas les grands Hommes. Ces efforts de vertu qui vous élevent tout d’un coup, ne ſe ſoûtiennent pas. Une heureuſe conjoncture vous a fait briller, un contre-temps fâcheux vous éclipſe; ſi l’on excelle par un endroit, on ſe dément par l’autre. Tel ſe diſtingue par les lumieres, qui ne ſe ſoûtient pas par l’integrité, agreable au Prince par ſa complaiſance, redoutable au peuple par ſa dureté, donnant tout à ſa fortune, ne faiſant rien pour ſa Religion. Tels ſont la plûpart de ceux que le monde appelle grands Hommes, & qui aſpirent à ſes dignitez. Mais avoüez-le, MESSIEURS, il vaut mieux être loüable en tout, qu’admirable en quelque choſe. Une ſageſſe ſobre, comme l’appelle l’Apôtre, conſtante, uniforme, éprouvée par une longue experience, exercée dans la varieté des Emplois, ſoûtenuë des ſentimens de la Religion, approuvée de tous les Etats, connuë de Dieu & des hommes, dit le ſaint Eſprit, ſans foibleſſe, ſans éclipſe, ſans faux pas, pendant le cours de cinquante années de Magiſtrature; c’eſt, MESSIEURS, ce que j’appelle les degrez d’une grandeur legitime & Chrétienne, dont j’ay dû vous inſpirer l’eſtime par les exemples de Monſieur le Chancelier. Heureux ſi ſur ce grand modele je puis encore vous en apprendre l’uſage.

Rom. 12. v. 3.
Sap. 4. v. 1.

II. POINT. LA ſainte Ecriture, regle invariable de tous nos ſentimens, nous en inſpire deux differens ſur la

Grandeur ; tantôt elle nous dit que ce qui est grand aux yeux des hommes, est abomination devant Dieu ; tantôt elle nous apprend qu'il n'y a point de puissance qui ne vienne de luy, & que toutes celles qui sont sur la terre y sont par son ordre. Là pour nous en inspirer le mépris, elle nous fait voir, dans Aman, un favori ambitieux qui se rend odieux à la posterité par la faveur de son Maître, & qui s'attire le dernier supplice par l'abus de son ministere. Icy pour nous en donner de l'estime, elle nous montre dans Joseph un Ministre fidele qui s'éleve aux premiers honneurs par une longue épreuve de sa vertu, qui s'y soûtient par la fidelité de ses conseils, faisant servir toute sa grandeur à la gloire de son Prince, au bonheur des peuples, au salut de sa maison, & n'en reservant pour luy même que le travail continuel qui l'occupe, & l'éclat innocent qui le distingue.

Que veut dire cette contrarieté apparente de sentimens, MESSIEURS, sinon que la grandeur est indifferente par elle-même, que l'usage seul qu'on en sçait faire decide de son prix, & qu'aprés s'y être élevé par la justice, on ne doit encore s'y soûtenir que par la justice, sans elle point de vraye grandeur dans le monde. La puissance des Rois devient tyrannie, la valeur des Heros cruauté, le credit des Ministres oppression. On s'y perd lors qu'aveuglez par l'ambition, ou corrompus par l'abondance, on ne fait servir sa dignité qu'à ses passions ; on s'y sauve lors qu'éclairez par la Religion, l'on reconnoît qu'on n'est grand que pour les autres ; Que plus les dignitez nous élevent, plus elles nous asservissent, & qu'on se perd par leur éclat, si on ne se sanctifie par leur usage.

Monsieur le Chancelier le comprit, MESSIEURS,

Luc. 16. v. 15.
Rom. 13. v. 1.

Esth. c. 3. 7.
11.

Genes. c. 35. 41.
42. &c.

vous l'avez vû dans ſes premiers Emplois s'élever par les degrez innocens, d'une conduite toûjours loüable, toûjours irreprochable, vous l'allez voir dans la ſuprê-me Magiſtrature ſoûtenir par la Juſtice ce qu'il a me-rité par la Juſtice, relever ſa dignité par l'uſage qu'il en fait, & reconnoître qu'il n'y eſt pas pour luy-mê-me, mais pour le public, pour ſa Religion, pour ſon Roy.

Je remarque dans les dignitez trois écueils preſque inévitables à la vertu de ceux qui les poſſedent, l'éclat qui les ſuit, l'abondance qu'elles procurent, l'autorité qu'elles donnent. Soûtenu par l'autorité, l'on ſatisfait ſes propres paſſions, au lieu de reprimer celles des au-tres ; paſſionné pour l'éclat, l'on donne trop à ſa digni-té ſous pretexte de la ſoûtenir ; eſclave de l'abondan-ce, on derobe quelquefois à ſa dignité de quoy con-tenter ſon avarice, ſous pretexte de ſignaler ſa mo-deſtie.

Vous ne donnâtes pas dans ces excés, illuſtre Mort que nous pleurons, vous ſçûtes prendre un juſte milieu entre le faſte & la baſſeſſe, temperer l'éclat de la di-gnité par une aimable modeſtie, relever les ombres de la modeſtie par le doux éclat de la dignité. Magnifique en Chancelier, modeſte en Chrétien, & par cette Juſ-tice, qui ſçait rendre à chacun ce qui luy eſt dû, n'ou-bliant ni les Loix de la Religion en faveur de la Char-ge, ni les droits de la Charge en faveur de la Religion. Car ſouffrez, Messieurs, que j'atteſte encore icy vos propres lumieres, & qu'éloigné de la flatterie, in-digne du lieu ſaint où je l'ay tant de fois condamnée, je vous demande ſi je fais autre choſe que mettre la verité dans ſon jour, *Loquimini coram Domino.* Rappel-

lez ces temps heureux , où Monſieur B o u c h e r a t
nommé Chancelier , ſe vit tout d’un coup le Chef de la
Juſtice, l’Oracle du Prince, le Canal des graces, le Me-
diateur des peuples : tout change autour de luy; Vîtes-
vous changer quelque choſe en luy ? Innocens malheureux qu’il a toûjours protegez, le trouvâtes-vous plus
fier & plus inacceſſible ? Amis fideles qu’il a cultivez
dans tous les temps , vous parut-il moins familier &
moins traitable ? la multitude des affaires publiques le
deroba-t-elle à vos beſoins particuliers ? ne fut-il pas
toûjours ſelon l’eſprit de ſa deviſe également humain,
également aimable, *manet quæ prior humanitas.* Famille
affligée qu’il aima toûjours avec tant de tendreſſe , le
cœur de Chancelier luy fit-il quitter pour vous celuy
de Pere ? la grandeur qui endurcit le cœur des autres ,
ne ſembla-t-elle pas attendrir le ſien ? pût-il goûter le
plaiſir de ſon élevation juſqu’à ce qu’il le partageât avec
vous ? écouta-t-il les applaudiſſemens publics, tant qu’il
ne put entendre les vôtres? & s’il aima quelque choſe
de ſa gloire, n’étoient-ce pas ces doux rayons qui en
rejailliſſoient juſqu’à vous ? le vîtes-vous ébloüi de ſa
nouvelle grandeur, méconnoître ce qu’il avoit aimé,
ſe méconnoître luy-même, & perdu, ſi j’oſe le dire,
dans les eſpaces imaginaires de la vanité, chercher une
nouvelle Famille & de nouveaux Parens pour ſe diſtin-
guer ? Non non, M e s s i e u r s, content de la nobleſſe
qu’il trouve dans ſa maiſon depuis prés de trois ſiecles, il
n’y voit rien qui ne convienne à ſa dignité; Avant luy
des Avocats Generaux, des Preſidens au Parlement de
Paris , deux Abbez Generaux de Cîteaux diſtinguez,
l’un dans le Concile de Trente par ſon zele pour la Religion, l’autre dans les Etats de Bourgogne par ſa fide-

lité pour fon Roy : Autour de luy & fous fes yeux des
Enfans heritiers de l'efprit & de la vertu de leurs An-
cêtres, des Gendres choifis avec ce jufte difcernement,
qui dés lors luy découvroit en eux des Intendans de
Provinces, des Prefidens du Parlement, des lumieres
du Confeil, & fous les ordres du Roy, des Pacificateurs
de l'Europe. Au milieu de cette gloire domeftique &
de cet éclat perfonnel qui l'environne, qu'il eft beau
d'avoir fçû fe contenir dans les bornes d'une fage mo-
deration! refpectueufement intrepide dans la défenfe
des privileges de fa Charge, facile & condefcendant
pour ce qui ne regarde que fa perfonne, jaloux de la
veritable gloire, ennemi de la flatterie qui vient l'en-
cenfer ; il fçait s'humilier au milieu des loüanges, ten-
tation delicate des Grands, il les craint comme des
écueils, il les reçoit comme des leçons, il s'en fait une
étude de fes devoirs, & *les regarde*, dit-il, *luy-même,*
bien moins comme la peinture de ce qu'il eft, que de ce qu'il
doit être.

S'il ne fe laiffe pas ébloüir à la gloire, fe laiffera-t-il
corrompre aux richeffes? donnera-t-il dans les extrê-
mitez ou d'une avarice fordide, ou d'une profufion
odieufe? le verra-t-on, pour élever fa Famille, fe dégra-
der luy-même, dérober aux bien-feances d'une dignité
qu'il doit foûtenir, de quoy nourrir quelque jour une
ambition illegitime, & acheter la grandeur & les plai-
firs de fa pofterité aux dépens de la gloire de fon Prince
& de la fienne propre? Le verra-t-on d'ailleurs entêté
de fon rang, donner dans une magnificence outrée, fe
fignaler par des dépenfes fuperfluës, immortalifer fon
nom dans fes Terres, comme parle l'Ecriture, & mourir enfin couvert de cette fauffe gloire, qui n'eft fuivie

que d'un opprobre éternel, & qui ne defcend point
avec nous dans le tombeau? Quel ufage fit-il donc de
fes biens? Vous le fçavez peuples qui luy avez vû foûtenir fa dignité avec honneur, mais fans oftentation,
comme fans baffeffe ; Vous le fçavez, pauvres qu'il a
fait fubfifter en grand nombre dans des temps diffici-
les, & qui luy avez donné tant d'acclamations pendant
fa vie, tant de larmes & de benedictions aprés fa mort ;
Vous le fçavez, dépofitaires fideles de fes charitez fecre-
tes, qui avez fçû luy en dérober la gloire jufqu'à ce
jour; Vous ne l'ignorez pas, Sçavans qu'il a comblez
de fes liberalitez & prévenus par fes bienfaits. Et vous
Famille affligée, qui avec une fucceffion abondante de
gloire, avez recueilli fans envie les fruits moderez de
fes longs travaux & de fa fage œconomie; vous fçavez
mieux que perfonne l'ufage qu'il a fait de fa fortune,
il en a rendu compte au Seigneur fans rougir, & vous
le rendez au public par mon miniftere, *Loquimini de*
me coram Domino.

C'eft quelque chofe d'avoir fçû fe moderer dans
l'éclat & l'abondance des dignitez ; mais ce n'eft pas
tout, elles donnent une autorité dont on ne doit ufer
que pour maintenir la juftice, & dont on n'abufe que
trop fouvent pour foûtenir l'iniquité. Quelque forme   *Eccl. 7. v. 6.*
qu'elle prenne, un Juge doit avoir le courage de la
combattre, dit l'Ecriture, foit qu'elle s'appuye du credit des Grands, foit qu'elle fe pare de nos interefts particuliers, ou qu'elle flatte nos paffions, foit qu'elle appelle à fon fecours la chair & le fang, il faut tout fa-
crifier pour la détruire, & n'ufer de fon autorité que
par Religion.

Ne fut-ce pas la gloire de Monfieur le Chancelier,

Messieurs? ne pesa-t-il pas toûjours ses Arrests, ses conseils, ses graces mêmes au poids du sanctuaire; & autant que la fragilité des lumieres humaines le pût permettre; tout ce qui ne fut pas juste au Tribunal du Seigneur, le fut-il devant le sien.

De là cette admirable équité, qui dans la cause de ses ennemis le rendoit suspect à luy-même, craignant, disoit-il, d'être tenté, ou de les condamner par ressentiment s'ils étoient innocens, ou de les absoudre par grandeur d'ame s'ils étoient coupables.

De là cette rare probité, qui étouffant tous les ressentimens particuliers, a sacrifié dans les occasions les injures des peres aux droits des enfans, & fait voir par des exemples recents, mais dignes du souvenir de tous les siecles, qu'un Chef de la Justice ne doit point avoir d'autres ennemis que l'iniquité.

De là enfin cette droiture inflexible, qui sous les yeux du Prince l'a fait opiner quelquefois contre le Prince même, sçachant sans doute que sous un Roy à qui la Justice est plus chere que tous ses interests, c'est être Courtisan que d'être juste.

S'il le fut par tout par Religion, combien le fut-il en faveur de la Religion même ? Vous ne l'avez pas oublié, Seigneur, vous qui tenez un compte fidele à vos Elûs de tout ce qu'ils font pour vôtre Eglise! Quel zele n'eut-il point pour ses interests? à qui doit-elle aprés nôtre Grand Monarque, la stabilité de ses Pasteurs, auparavant errans au gré de la misere ou de la cupidité, la subsistance honnête des Ministres qui la servent, le rétablissement de ses regles & de sa discipline, la subordination de sa hierarchie, la conservation de ses libertez? à qui doit-elle la protection de ses Vier

ges,

ges , le bon ordre de ſes Mariages , l'autorité de ſes Evêques , l'extenſion ou plûtôt le rétabliſſement de la Juriſdiction Epiſcopale : En un mot tous ces fameux Edits , ces ſages Declarations qui ſeront des monumens éternels de la Religion de nôtre Grand Monarque , ne rendront - ils pas auſſi precieuſe à l'Egliſe la memoire du pieux Chancelier, qui les a ou inſpirez par ſa ſageſſe, ou ſollicitez par ſon credit , ou maintenus par ſon autorité ; & ne dira-t-elle pas de luy ce que l'Ecriture dit d'un Souverain Juge & Pontife des Juifs , que de ſon temps il a ſoutenu la Maiſon de Dieu & reparé les rui-nes de ſon Temple. *In vita ſua ſuffulſit Domum.*

Eccl. 50.

Vous le publiez avec reconnoiſſance , illuſtres Pre-lats , & j'ay vû vos ſentimens écrits de la main d'un grand Cardinal & d'un ſaint Evêque, qui fut autrefois témoin de ſon zele pour l'Epiſcopat , qui partagea avec luy la gloire de le défendre , & qui en reſſentit luy-même les effets. *Monſieur le Chancelier*, dit-il, dans une Lettre où il pleure ſa mort , *eut un grand amour pour l'Egliſe & pour les ſaints Paſteurs qui s'acquittent digne-ment de leur miniſtere ; le zele qu'il a eu pour le maintien de la diſcipline & la protection qu'il nous a donnée , luy attireront les miſericordes de Dieu.* Eloge qui ſorti d'une bouche ſainte, ſe fera entendre juſqu'au Trône du Tres-Haut ! Eloge qui doit exciter l'émulation de tous les Juges & de tous les grands Miniſtres , leur apprendre qu'il n'eſt rien de plus grand que de maintenir l'Egliſe, qu'elle eſt ſeule la fin de tous les deſſeins de Dieu, que là ſe doit rapporter le gouvernement des Etats, la va-rieté des Emplois, le ſervice des Princes , & que tout ce qui eſt dans l'ordre de Dieu tend à la conſomma-tion de ce ſaint Edifice, *ad conſummationem ſanctorum in ædificationem Corporis Chriſti.*

M. le Cardinal le Camus.

Eph 4. *v.* 11.

D

Nôtre illuftre Chancelier fut penetré de ces fentimens, Messieurs, il les avoit apris de fes premiers
Maîtres dés fa jeuneffe, il les avoit puifez dans ces faints
Cantiques recueillis de fa main, où fe délaffant chaque
jour du foin des affaires publiques avec le Roy Prophete, il apprenoit de luy à foupirer pour l'établiffe-
ment du Temple de Dieu. Il les fit paroître, ces pieux
fentimens, lors qu'élevé à la premiere dignité de l'E-
tat, il fe vit, fi j'ofe le dire, affocié par fon Prince à la
gloire d'étendre l'Eglife, de faire rentrer dans fon fein
fes enfans égarez, & d'ôter à l'herefie ces reftes de
vie qui paroiffoient encore par des mouvemens con-
vulfifs de feditions & de revoltes. Son illuftre Prede-
ceffeur, dont la memoire eft également precieufe & à
l'Etat, qu'il fervit avec tant de gloire, & à la Religion,
qu'il foutint avec tant de zele, Monfieur le Tellier,
vous le fçavez, avoit figné d'une main mourante l'Ar-
reft de mort de l'herefie, par la revocation de l'Edit
de Nantes; il s'étoit confolé de defcendre dans le tombeau, puis qu'elle y defcendoit avec luy. Mais ce monf-
tre refpiroit encore : c'eft fous la main de Monfieur
Boucherat qu'il doit expirer; quelle joye pour ce
grand Magiftrat, lorfque dépofitaire des deffeins de
fon Roy, interprete fidele de fes volontez, Miniftre
zelé de fa Religion, il voit tomber fous fes Edits tous
les Temples de l'herefie; menage avec un fage tempe-
rament de douceur & de feverité la converfion de fes
Sujets, donne les ordres pour arrêter les fugitifs, cal-
mer les feditieux, inftruire les enfans, concilier les peres, pourvoir à la fubfiftance des pauvres, exclure des
dignitez l'obftination des riches, & par tous ces in-

nocens artifices, engager tous les François à honorer
un même Dieu, par un même culte, dans un même
esprit, d'une même voix, comme parle l'Apôtre, *Ut* *Rom. 15. v. 12.*
unanimes uno ore honorificetis Deum.

Gloire soit à la puissance de la grace, qui a sçû mettre dans le cœur du Prince un si noble dessein ! Gloire
au zele du Prince, qui au mépris de toutes les vûës
politiques, a pû donner à son Chancelier les ordres de
l'executer ! Gloire à la sagesse du Chancelier, qui en a
sçû ménager les moyens, lever les obstacles, signer les
Edits, consommer l'œuvre de Dieu, & couronner sa
vieillesse par un usage si saint de sa dignité. C'est-là,
Messieurs, ce que j'appelle soutenir sa grandeur
par la justice, & pour comble de gloire, vous l'allez
voir en peu de mots la consommer dans la Justice.

ICy commence à se découvrir la triste face de mon *III. Point.*
sujet. Jusques-là j'ay tâché de suspendre vos soupirs,
pour obeïr à l'Esprit de Dieu, qui nous défend de pleurer long-temps la mort des Justes, parce que le repos
dont ils joüissent, demande plûtôt des applaudisse-
mens que des larmes, *Modicum plora super mortuum* *Eccl. 22.*
quoniam requievit. J'ay tâché de vous dérober la veuë
de cet appareil lugubre qui vous environne, d'éclipser
à vos yeux la triste lueur des torches funebres par le
doux éclat d'une vertu toûjours égale, toûjours soû-
tenuë ; je ne vous ay fait voir Monsieur Boucherat
que montant de dignitez en dignitez par les degrez de
la Justice, s'y soûtenant avec honneur par le zele de la
Justice. Mais helas ! où le conduisois-je, sans y pen-
ser, par tous ces degrez, & pourquoy tout occupé du
soin de vous faire applaudir à sa vertu, ne vous prepa-

rois-je pas plûtôt à pleurer sa perte ! Vous l'avez affermi pour quelque temps, Seigneur, & vous le faites disparoître pour toûjours, *Roborasti eum paululum ut in perpetuum transiret.* Ainsi s'éclipse tout, dit le S. Esprit, le Soleil tout brillant, tout élevé qu'il est, perdra sa lumiere. L'homme, qui n'est que cendre & pousiere, pourra-t-il conserver la sienne ? Ouy, Messieurs, consolons nous, la lumiere de la Justice ne s'éteint jamais ; les impies tomberont sans honneur, dit l'Ecriture, l'opprobre de leur mort ne finira point, Dieu sçaura arracher jusques aux fondemens de leur fortune, leur memoire perira , & il ne restera sur la terre aucun vestige ni de leur grandeur, ni de leur race , ni de leur nom, *Usque ad supremum desolabuntur.* Mais la Justice est immortelle , elle suit au-delà du tombeau ceux qui comme Monsieur le Chancelier , n'ont jamais aimé qu'elle. L'innocence de sa vie nous prophetise déja la sainteté de sa mort, comme on l'a dit d'un grand Patriarche ; & pendant que pour tromper vôtre douleur, je tâche encore à vous cacher sa fin , je le vois déja qui s'en occupe.

Il sçait que le corps , qui se corrompt, appesantit l'ame ; que dans ces derniers momens de trouble & de douleur, le sens le plus vif, l'esprit le plus perçant est aveugle sur les secrets de l'Eternité & sur l'affaire de son salut : Il le sçait , & il commence de bonne heure à s'en occuper ; il le fit dans tous les temps, Messieurs. La Justice qui le conduisoit, qui l'élevoit, qui l'éclairoit, luy montroit de loin les années éternelles ; mais souffrez que je me retranche à la derniere année de sa vie. Fut-elle autre chose pour luy qu'une étude continuelle de la mort, ne la consacra-t-il pas à se détacher

de tout, & ne fe dit-il pas de bonne heure à luy-mếme,
ce qu'un Prophete dît trop tard à un grand Roy, Met-
tez ordre à vos affaires, parce que vous devez mourir. *Difpone domui tuæ quia morieris.*

Malheur à ceux qui enyvrez des douceurs de la vie,
ne penfent à mourir que quand ils font déja plus de
demi morts, ne declarent leurs dernieres volontez que
dans ces derniers momens, où incapables de rien vou-
loir eux-mêmes, ils ne font que le trifte écho de la vo-
lonté des autres, & laiffent aprés eux des teftamens
qui prouvent bien mieux la cupidité des vivans, que
la charité des morts. Monfieur le Chancelier ne donna
pas dans cet abus, Messieurs, plein de fanté, plein
de vie, il voulut être luy-même fon interprete. Il crut
qu'il étoit digne de l'executeur teftamentaire des Tu-
rennes, des Seguiers & de tant d'autres grands Hommes, dont la confiance feule fait l'Eloge de fa probité; qu'il étoit digne de l'arbitre de tant de Maifons il-
luftres, du pacificateur de tant de Familles, d'établir
la paix dans la fienne par un teftament que la prudence
& la Religion femblent avoir dicté. Quels fentimens
de pieté pour fon Dieu! de reconnoiffance & de fidelité pour fon Roy, d'union & de charité mutuelle n'inf-
pire-t-il pas à fes enfans? avec quelle fageffe previent-
il tout ce qui la peut alterer? la varieté des interefts qui
divife les autres Familles, ne fert qu'à concilier la fienne: foit dexterité dans le Pere, foit Religion dans les
Enfans, quinze jours aprés fa mort tout eft calme, tout
eft tranquille; & cette paix aimable que Jesus-Christ
laiffa à fon Eglife, comme la plus noble portion de fon
heritage, *Pax vobis*, cette paix eft aujourd'huy dans la
Famille illuftre de Monfieur le Chancelier, le plus doux
fruit de fa fucceffion.

Ainſi conſommoit-il dans la Juſtice une fortune, où il n'étoit arrivé que par la Juſtice. Il la partage entre les ſiens avec équité, il la communique aux pauvres avec abondance, ennemi de ces charitez poſthumes qui ſont plûtôt les effets de l'avarice que de la pieté, il n'attend pas que la mort le dépoüille, il execute luy-même ſon teſtament, il fait marcher ſes bonnes œuvres devant luy; & quelque ſoin qu'il ait eu de les cacher, quatre-vingt mille livres d'aumônes, faites dans ces derniers temps, paroîtront écrites & ſur les Regiſtres des Hôpitaux, & dans le cœur des pauvres qui le pleurent, & plus ſûrement encore dans le Livre de vie.

Miſericorde de mon Dieu, vous rompiez ainſi les liens de cet homme juſte; vous ne permettiez pas qu'il s'attachât à des biens qu'il devoit bien-tôt quitter; vous le prepariez à la mort naturelle par une mort Evangelique; vous reveilliez dans ſon cœur ces pieux deſſeins de détachement, de retraite, de demiſſion de ſa dignité, dont il fit confidence à ſon Prince; & contente des diſpoſitions de ſon ſacrifice, vous luy en avez ôté les moyens; vous affermiſſiez ſon eſprit contre les impreſſions de la tendreſſe naturelle, encore flatté des eſperances d'une plus longue vie; avec quel courage exhorte-t-il les ſiens à ne ſe plus attacher à luy? avec quel zele les prepare-t-il luy-même avant le temps à cette derniere ſeparation, qu'on annonce aux autres avec tant de précautions & de menagemens? avec quelle foy s'éleve-t-il au deſſus des ſoins temporels, dont on tâche de l'occuper? Bâtimens, décorations, triſtes amuſemens d'une vieilleſſe inquiete, vous êtes indignes de la ſienne. *Le terme eſt court*, dit-il, *il faut bâtir pour l'Eternité.*

Elle s'approche en effet pour luy, MESSIEURS, ſes
infirmitez augmentent ; aprés une année de langueur,
où ſa patience merite chaque jour quelque nouvelle
couronne, comme parle ſaint Cyprien. Le moment *Cyprian. ad*
vient où il doit recevoir la couronne de Juſtice, & que *Max. &*
ne fait-il point alors pour achever de s'en rendre di- *Moyſen. Preſ.*
gne. Diſpenſez-moy, MESSIEURS, en faveur d'une *bit.*
Famille affligée, de r'ouvrir des playes qui ſaignent encore, de retracer à vos yeux ce triſte moment où on
le vit, comme un autre Job, abattu ſous la main du Sei- *Job. 13.*
gneur, mettre toute ſon eſprerance en luy, & reconnoître devant ſes Miniſtres, que ſes voyes, toutes juſ-
tes qu'elles étoient aux yeux des hommes, n'étoient pas *3. Reg. c. 19.*
innocentes devant Dieu; ce moment où on le vit, com-
me un autre Elie, ſe nourir de ce pain celeſte, qui devoit le ſoûtenir dans le long voyage qui lui reſtoit à
faire ; ce moment enfin où on le vit, comme un autre
Jacob, étendre ſes mains mourantes ſur ſes Enfans de-
ſolez, & leur donner, comme ce grand Patriarche, les
benedictions qui leur étoient propres. *Benedixit ſingu-* *Gen. 49.*
lis, benedictionibus propriis.

Tous ces devoirs ainſi remplis avec une pieté con-
ſolante, avec ce cœur veritablement Chrétien, qui
n'eut jamais rien du déguiſement, ni des artifices du
ſiecle, il entre, diray-je, dans une agonie ou dans une
extaze de quatre jours ! Lethargique pour toutes les
affaires du monde, ſenſible à celle de ſon ſalut; ſourd
à la voix de ſes chers Enfans, attentif à celle de ſon
Paſteur & de ſon Archevêque ; ne voyant, n'enten-
dant, ne goûtant que Dieu ſeul dans ces derniers mo-
mens, & pouvant, ce ſemble, dés lors dire avec l'Apô- *Galat. ch. 5.*
tre, ce que la force de la grace avoit commencé en *v. 14.*

luy, & ce que la fragilité de la nature y a fini, *Je suis mort pour le monde, & le monde est mort pour moy.*

Qu'il vive éternellement en vous, Seigneur, nous vous en conjurons & par cette misericorde, sans laquelle la vie la plus pure ne l'est pas à vos yeux, & par cette Justice, qui ne fut en luy qu'un écoulement de la vôtre, & que je n'ay loüée dans sa conduite que pour glorifier vos dons, & par ces larmes de sa Famille, qui ne sont plus le tribut d'une tendresse naturelle, mais le sacrifice d'une pieté Chrétienne, & sur tout par le sang de vôtre adorable Fils, nôtre Victime unique, qui va vous être offerte par les mains du sacré Pontife qui a commencé ce Sacrifice d'expiation, pour meriter à celuy que nous pleurons *la Couronne de vie que vous avez promise à ceux qui vous aiment.*

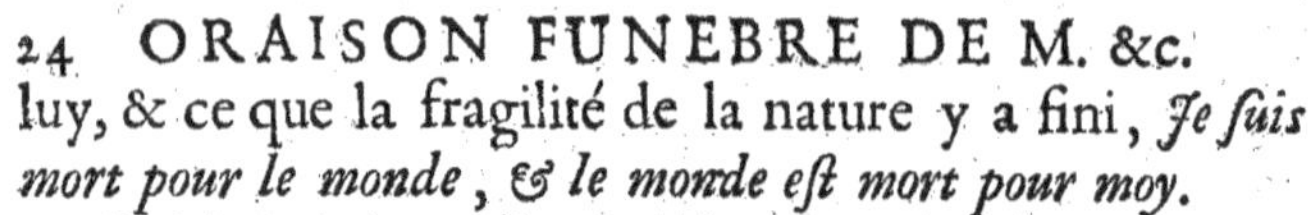

A INSI SOIT-IL.

J. Mariette fec.